# Time Hacks

Non solo time management.
Impara a gestire il tuo tempo al meglio e libera la giornata automatizzando le operazioni più ripetitive.

## Introduzione

La gestione del tempo è un argomento sempre più importante nella nostra vita.
Con le infinite distrazioni che Internet e gli smartphone ci mettono a disposizione, è estremamente facile perdere la concentrazione. Nonostante ciò, la tecnologia ci permette di lavorare in modo molto più veloce ed efficiente, costringendoci a ritmi incredibilmente veloci che non sono semplici da sostenere.

Ci troviamo quindi in un periodo storico che ci mette particolarmente in difficoltà: da un lato la nostra produttività può essere altissima, la più alta mai stata possibile per un essere umano – basti pensare alla comunicazione istantanea con email e messaggistica, ai software di calcolo e di scrittura e alla disponibilità di piattaforme già pronte per qualsiasi necessità; dall'altro, tuttavia, ci troviamo perennemente distratti dallo stesso strumento che permetterebbe altrimenti un'efficienza incredibile: la tecnologia.

Ed è proprio all'uomo moderno, che si deve districare tra moltissime novità ogni giorno, tenersi sempre al passo con i tempi e non perdere un attimo del proprio tempo lavorativo, che è dedicato questo libro.
Analizzeremo i metodi più efficienti per l'organizzazione del tempo e l'ottimizzazione delle nostre giornate.
Non vedremo decine di strategie diverse per pianificare il nostro futuro, per gestire la nostra vita ora per ora e simili: infatti, una lista fatta in questo modo non sarebbe a sua volta efficiente.
Iniziamo quindi a ottimizzare la nostra vita partendo da questo libro, che racchiude solamente i metodi più efficaci, testati in prima persona ma anche con colleghi e amici, per la gestione del nostro tempo.

Ultimo aspetto, non meno importante, è un argomento che è fin troppo spesso sottovalutato: non ha senso gestire al meglio il nostro tempo, se comunque lo utilizziamo per compiti che potremmo invece evitare.

Esistono, infatti, diverse attività che possiamo automatizzare grazie all'automazione. Tra queste parleremo della possibilità di inviare automaticamente delle email ai nostri contatti, che si tratti di lead, clienti o partner di qualsiasi genere; alcuni metodi per automatizzare la gestione del nostro profilo LinkedIn, inclusa la generazione di contatti utili per la nostra azienda; possiamo inoltre rispondere automaticamente al 90% dei messaggi che riceviamo via Facebook per la nostra attività tramite degli autorisponditori, e infine, per tutte le attività semplici che non riusciamo ad automatizzare, resta la possibilità di delegarle a persone specializzate a tariffe incredibilmente convenienti, che ci permetteranno di risparmiare tempo e, spesso, di ottenere un lavoro migliore perché realizzato da un professionista.

# Indice

Introduzione .............................................. 2
Indice ....................................................... 5
Time Management, perché? ..................... 7
Tecniche di gestione del tempo ............... 9
    Formalizzazione degli obiettivi ................ 9
    Organizzazione della giornata ................ 15
    Evita tutte le distrazioni ........................ 18
    Matrice di Eisenhower ........................... 21
    Tecnica Pomodoro ................................. 24
    Analisi di Pareto ................................... 27
    Zero distrazioni .................................... 30
Libera le tue giornate .............................. 32
    L'automazione ...................................... 33
    Comunicazioni via email ....................... 35
    Contatti via email ................................. 39
    LinkedIn ................................................ 41
    Facebook .............................................. 44
    Delega i tuoi compiti ............................ 46

7

## Time Management, perché?

La gestione del nostro tempo è fondamentale per il raggiungimento dei nostri obiettivi. Come abbiamo già visto, infatti, nella società moderna ci si aspetta da noi delle prestazioni molto alte, e queste sono raggiungibili grazie alla tecnologia. Ma è la stessa tecnologia che, invece, ci mette in difficoltà con moltissime distrazioni.

Dobbiamo quindi, prima di iniziare questo percorso nella gestione delle nostre giornate, riflettere su come stiamo passando il nostro tempo.

Stiamo davvero lavorando quanto crediamo?
Siamo veramente concentrati come dovremmo?
Delle ore che dedichiamo al lavoro, quante di queste sono perse in attività inutili?

Rispondere a queste domande è un passo fondamentale per conoscere noi stessi, capire dove sbagliamo e, di conseguenza, migliorare.

*Time Hacks* è diviso in due capitoli: il primo parla di come gestire al meglio il nostro tempo, di come essere consapevoli di come lo spendiamo e di conseguenza ottenere più risultati a parità di tempo – o avere più tempo libero!
Il secondo capitolo parla invece dell'automazione. Di come possiamo liberarci di compiti che ci rubano tempo ogni giorno, senza rinunciare però al risultato.

# Tecniche di gestione del tempo

## Formalizzazione degli obiettivi

La gestione del tempo ha un solo fine: il raggiungimento dei nostri obiettivi.
Prima di iniziare a capire come gestire il nostro tempo, capiamo come indirizzare il nostro lavoro nella giusta direzione, quella che ci porterà a raggiungere il nostro scopo.
Capita spesso, infatti, di lavorare senza una direzione precisa. Ci facciamo trasportare dall'abitudine, da ciò che crediamo sia importante e da portare a termine, ma se poi ci focalizziamo sul nostro obiettivo capiamo che molte di queste operazioni in realtà non contribuiscono alla nostra scalata.

Iniziamo quindi a pianificare, su carta, i nostri obiettivi. Partiamo da un obiettivo a lungo termine, per poi scendere ad obiettivi sempre più vicini e raggiungibili, fino a raggiungere una capillarità che ci permetterà di organizzare con uno scopo preciso ogni giornata. Ad esempio è possibile decidere un obiettivo settimanale, bi-settimanale o mensile, mentre uno annuale sarebbe troppo grande da poter essere scomposto direttamente a livello quotidiano.

È fondamentale avere un obiettivo raggiungibile e misurabile. Non dobbiamo infatti essere nella posizione di dubbio sul raggiungimento del nostro obiettivo, tantomeno rischiare di essere estremamente vicini al raggiungimento dello stesso senza esserne al corrente.

In ottica imprenditoriale, un buon obiettivo può essere quello di acquisire 10 nuovi clienti nel corso di due anni, oppure di aumentare il fatturato della nostra azienda del 14%, o ancora possiamo voler ridurre il nostro impegno lavorativo di un'ora al giorno, mentre non è un obiettivo chiaro e misurabile quello di lavorare genericamente *meglio* dello scorso anno, fatturare *di più* e lavorare *meno*.

Infine, è importante che l'obiettivo abbia una scadenza. Aggiungere 15 prodotti a catalogo nel giro di un anno può sembrare un proposito positivo e utile per la nostra impresa, mentre aggiungere 15 prodotti a catalogo *prima o poi* non porterà in assoluto alcun beneficio.
La scadenza ci pone una pressione psicologica che è fondamentale per essere motivati e per lavorare per una vita migliore, e ci impedisce di procrastinare che, come abbiamo visto, è fin troppo facile nella nostra era.

Nella definizione di un obiettivo, dobbiamo quindi rispondere alle seguenti domande:
- Cosa?
- Quanto?

- Quando?

Ovviamente, possiamo avere diversi obiettivi nella nostra vita e anche in un particolare periodo. Ad esempio possiamo, allo stesso tempo, voler aumentare i clienti della nostra azienda e il *lifetime value* di ogni cliente, creando un effetto esponenziale sui risultati operativi; tuttavia è fondamentale impostare delle priorità e capire fin da subito quali di questi obiettivi sono realmente importanti e quali no. Questo non ci impedirà di raggiungere i secondi, ma come sappiamo nella vita non va tutto come previsto, e sicuramente non vogliamo trovarci nella situazione di aver tralasciato un nostro obiettivo primario per esserci focalizzati su un altro aspetto che era, seppur importante, meno prioritario.

Una volta definito l'obiettivo principale e la relativa scadenza, possiamo procedere a definire alcuni sotto-obiettivi. Se siamo partiti con un obiettivo da portare a termine in due anni, infatti, sarà una buona idea stabilire comunque un sotto-obiettivo da raggiungere durante il primo anno, e a sua volta altri da assegnare ai singoli mesi.

È importante, in questa valutazione, tenere a mente le dinamiche della nostra attività: esistono attività il cui svolgimento è lineare nel tempo, ma non è sempre così. Molte volte è possibile realizzare un grosso incremento subito, ma si faticherà poi molto di più per salire ancora. Altre volte, il primo passo sarà il più difficile, dopodiché i risultati già raggiunti ci spingeranno con più facilità verso l'obiettivo finale.
Riprendiamo l'esempio precedente per capire meglio questo aspetto: possiamo aumentare il valore di un cliente di una piccola percentuale con facilità, mentre sarà molto difficile convincerlo a spendere una cifra decisamente più importante con noi. Quindi dovremmo impostare un obiettivo di

crescita più importante durante il primo anno rispetto che al secondo, perché lo sforzo per una successiva piccola crescita sarà più grande.
Al contrario, se il nostro obiettivo è quello di acquistare alcuni macchinari per una catena di montaggio, quando saremo in possesso di alcuni di questi la nostra capacità produttiva inizierà ad aumentare, garantendoci un flusso di cassa maggiore e la possibilità di acquistare più facilmente quanto non avremmo potuto permetterci in passato.

Teniamo a mente queste considerazioni nella stesura dei sotto-obiettivi, poiché una divisione semplice e lineare, per quanto la più veloce da programmare, non sempre rispecchia la realtà e le effettive possibilità.

Organizzazione della giornata

Una volta stabilito il nostro obiettivo per un lasso di tempo breve – ad esemio, un obiettivo per la settimana, dovrebbe risultare semplice la pianificazione delle giornate lavorative.

Cerchiamo di capire cosa ci manca, da dove siamo ora, al raggiungimento di questo obiettivo. Dividiamo questo in tanti piccoli passi che possiamo fare senza sforzi e senza rischi, ma che, un po' per volta, ci portino al risultato che vogliamo ottenere.

Iniziamo quindi a pianificare le nostre giornate di conseguenza. Il metodo più efficace e flessibile è quello di pianificare ogni giornata la sera precedente, in modo da avere, fin dal primo mattino, un elenco di compiti da portare a termine che, senza un particolare sforzo organizzativo, già

sappiamo che contribuiranno al nostro scopo.
La modalità di organizzazione è ovviamente una preferenza personale.
Un metodo particolarmente efficace è, però, quello della divisione della giornata in blocchi di lavoro, periodi di tempo nei quali dobbiamo dare il massimo, mantenere la concentrazione ed evitare qualsiasi tipo di distrazione, ad ogni costo.
Un periodo di lavoro può avere durata variabile, dai 15 minuti a un'ora o anche di più, ma è fondamentale essere realisti: non riusciremo a lavorare senza interruzioni per 8 ore. Per come è fatto il nostro cervello, non è neanche il metodo più efficiente per lavorare a pieno regime.

Decidiamo quindi, in base alla nostra esperienza, di dividere la giornata in blocchi da 60, 30 o 15 minuti, e assegnamo ad ogni blocco un compito da portare a termine o, se troppo lungo, una parte di questo compito, se possibile anche in questo caso è preferibile utilizzare definizioni misurabili – ad esempio, *leggere 20 pagine di un libro* è un buon compito parziale, mentre andare *avanti nella lettura* non lo è.

Ricordiamoci, infine, di prevedere uno spazio tra i diversi blocchi di lavoro. Approfondiremo questo aspetto in uno dei capitoli successivi utilizzando, per lo svolgimento di questi task, la tecnica Pomodoro, che alcuni lettori già conosceranno.

Questa tecnica, molto semplice quanto efficace, ci permetterà di programmare con successo i blocchi di lavoro, quelli di riposo e garantisce sempre la massima concentrazione.

Evita tutte le distrazioni

Come abbiamo anticipato all'inizio di questo testo, uno dei problemi principali dei lavori che richiedono la massima concentrazione sono le distrazioni. Infatti, è estremamente facile essere sempre attorniati da notifiche, telefonate, messaggi, email e qualsiasi altro genere di richiamo esterno che ci fa perdere, anche solo per qualche secondo, il focus su ciò a cui stiamo lavorando.

Queste piccole e brevi distrazioni sono in realtà molto dannose, perché impediscono alla nostra mente di essere totalmente coinvolta in ciò che stiamo facendo, provocando un rallentamento nel nostro lavoro e portandoci ad ottenere risultati peggiori del necessario.

Poiché la fonte primaria di questi problemi è il nostro telefono, ciò che dovremmo fare

è semplicemente impedirgli di disturbarci. Se utilizziamo un iPhone, possiamo abilitare la modalità *Non disturbare* per evitare di ricevere le notifiche delle applicazioni, e allo stesso tempo essere raggiungibili da chi ci cerca al telefono per motivi urgenti.
Sui telefoni Android esiste una modalità simile – la cui denominazione dipende però dalle scelte del produttore.

Su alcuni di questi telefoni è addirittura possibile configurare uno spazio secondario, una sorta di account separato, sul quale possiamo installare solamente le applicazioni necessarie al nostro lavoro per essere sicuri di non ricevere le distrazioni di Facebook, WhatsApp ecc, semplicemente perché non abbiamo le relative app!
Quando sarà invece il momento di una pausa, ci basterà effettuare il passaggio allo spazio principale per ritrovare tutto il nostro mondo.

Allo stesso modo, dovremmo impedirci o quantomeno renderci meno immediato l'accesso ai siti web che minano la nostra efficienza lavorativa. A questo proposito esistono diverse estenzioni per i browser più famosi, ad esempio StayFocusd per Google Chrome o SelfControl per Safari.

L'utilizzo di questi metodi potrebbe sembrare superfluo o esagerato, del resto siamo noi a decidere se lasciarci distrarre. Tuttavia, ciò che non è facile capire, è che l'effetto di queste distrazioni causa una sorta di dipendenza. Quante volte ci è capitato, ad esempio, di non poter leggere immediatamente un messaggio che abbiamo ricevuto, e di pensare continuamente a cosa può esserci scritto. Un mix di curiosità, abitudine e una pericolosa dipendenza potrebbe minare la nostra efficienza sul lavoro senza che noi ce ne rendiamo neppure conto!

## Matrice di Eisenhower

Ora sappiamo come lavorare senza distrazioni. Ma dobbiamo anche lavorare sulle cose giuste!
Non ha senso, infatti, impegnarsi tanto e infine non raggiungere comunque il nostro obiettivo, perché magari abbiamo lavorato nella direzione sbagliata o semplicemente svolgendo una serie di task che non portavano a ciò che pensavamo.

Un metodo semplice ed efficace per essere sempre sicuri di essere nella giusta direzione è quello della matrice di Eisenhower, che prende il nome dal presidente americano che per primo l'ha utilizzato e diffuso.

Questo metodo consiste nello schematizzare, in una matrice, le nostre attività in base a due parametri: l'importanza e l'urgenza.

Ci troviamo quindi a capire quali delle cose che crediamo di dover fare sono realmente importanti e urgenti, importanti ma non urgenti, urgenti ma non importanti e né importanti né urgenti.

La tecnica per gestirle è infine molto semplice:
- Le attività importanti e urgenti sono da portare a termine al più presto, di persona e senza perdere tempo
- Le attività importanti ma non urgenti, si possono rimandare. Impostiamo una scadenza e eseguiamole dopo quelle urgenti, in modo che non arrivino a diventare anche queste urgenti.
- Le attività urgenti ma non importanti devono essere delegate. Come vedremo, infatti, è possibile farci aiutare da persone che si occupano di compiti molto specifici,

sono in grado di portare a termine molte delle nostre attività al posto nostro, con risultati migliori e in tempi più rapidi; molto spesso ad un costo decisamente inferiore a quello del nostro tempo.
- Le attività non urgenti e non importanti vanno eliminate.

Questo metodo, molto schematico, non ci lascia distrazioni: dobbiamo lavorare solamente alle cose importanti e delegare il resto, ad eccezione dei compiti che non sono né urgenti né importanti, da eliminare direttamente.

## Tecnica Pomodoro

La tecnica Pomodoro, inventata dall'italiano Francesco Cirillo, è un metodo semplice ma efficace per lavorare con la massima concentrazione. Nato per aiutare il creatore con lo studio, si è rivelato in realtà un sistema molto efficace anche in ambito professionale, dove l'attività da svolgere è sempre, come abbiamo visto, soggetta a distrazioni o mancanza di concentrazione.

La tecnica è molto semplice: lavoriamo per 25 minuti e facciamo una pausa di 5 minuti. Dopo 4 cicli (detti *pomodori*), prendiamo una pausa più lunga di 15 minuti.
Tutte le durate sono variabili e dovremmo sperimentare per capire quanto deve durare ogni blocco secondo il nostro metodo di lavoro, tuttavia un equilibrio di questo tipo ci garantisce di essere sempre concentrati sul lavoro; le pause frequenti ma brevi permettono al nostro cervello di

rilassarsi e recuperare le energie necessarie per il prossimo pomodoro.

Il consiglio dell'autore è, infine, quello di sfruttare le pause per svolgere attività che favoriscano l'afflusso di sangue al cervello. Se cinque minuti non sono sufficienti per svolgere attività sportiva, possiamo comunque camminare per l'ufficio, prendere un caffè o qualsiasi altra attività che ci stacchi per qualche minuto dalla scrivania.

Il nome della tecnica deriva dal timer da cucina a forma di pomodoro, ovviamente ormai è possibile trovare applicazioni per smartphone e computer in grado di aiutarci nella pianificazione e nella gestione dei *pomodori*.

Dovremmo infatti, compatibilmente con la pianificazione della giornata che abbiamo descritto in precedenza, capire quanti *pomodori* saranno necessari per portare a termine ogni singola attività, e pianificare il nostro lavoro in questo modo. Non ha senso, infatti, utilizzare la tecnica Pomodoro se non lavoriamo per quei 25 minuti alla massima efficienza: il risultato sarebbe quello di aver completato tanti *pomodori*, ma di non aver portato a termine nulla – a noi interessano i risultati!

## Analisi di Pareto

Pareto, economista italiano dell'800, è famoso perché è nominato in diversi rapporti 80/20, per cui l'80% di una cosa buona viene realizzata con il 20% dello sforzo. Questa valutazione è applicabile a moltissimi campi, tra cui ovviamente anche alla gestione del tempo.

In particolare, possiamo dire che l'80% dei compiti che dobbiamo portare a termine sia compibile nel 20% del nostro tempo lavorativo, e che il restante 20% dei compiti occuperà l'80% del tempo.
Esistono quindi compiti ad "alta efficienza", che ci richiedono poco tempo e portano subito dei risultati concreti, così come altri compiti ci richiederebbero tanto lavoro per ottenere un risultato importante ma non fondamentale per la nostra riuscita.

Possiamo usare questo tipo di analisi per riuscire a capire cosa, di ciò che facciamo, è veramente utile – cioè ci porta l'80% dei nostri risultati, e concentrarci su questo.

Un'analisi di questo tipo, infatti, può essere indispensabile per riuscire a dividere con successo i nostri compiti secondo la matrice di Eisenhower che abbiamo già visto, ma anche per capire semplicemente quali dei nostri compiti possiamo delegare e quali, invece, sono così importanti che, se svolti male, rischieremmo di perdere buona parte dei nostri risultati.

L'analisi di Pareto può essere svolta anche in corso d'opera: non sempre, infatti, è possibile rendersi conto in anticipo del rapporto causa-effetto delle nostre azioni. Lavoriamo ore e ore, e alla fine riceviamo un ordine, chiudiamo un contratto e abbiamo ottenuto un risultato; la nostra mente tenderà quindi a collegare il nostro duro lavoro a ciò che abbiamo ottenuto in seguito. In realtà, forse, avremmo ottenuto lo stesso risultato svolgendo solamente una delle numerose azioni, ad esempio inviare una breve email di follow-up ad un cliente.

Stiamo quindi attenti a non cadere nella trappola del pensare che lavorare di più porti in automatico a più risultati. Molto più utile è invece lavorare sulle cose giuste.

## Zero distrazioni

Infine, è una buona idea quella di facilitarci la vita. La forza di volontà è necessaria per evitare di distrarci, ma se le distrazioni sono effettivamente di meno non può che essere un vantaggio.

Oltre ai sistemi che abbiamo già visto per evitare di ricevere notifiche durante le nostre fasi di lavoro, possiamo liberare la nostra scrivania e il nostro ambiente, per costringerci a focalizzarci sulle cose importanti.
Ciò è particolarmente difficile per chi lavora molto al computer. Infatti, il nostro PC avrà molto spesso informazioni lavorative e personali, quindi ci sarà particolarmente facile la distrazione. A questo proposito è una buona idea spendere un po' di tempo all'organizzazione dei nostri file: una maggiore organizzazione ci permetterà infatti di lavorare con più efficienza in

futuro, quindi un investimento di qualche minuto ci farà risparmiare molto più tempo nel corso dei mesi o anni. In casi estremi, è anche possibile la creazione di un'utenza separata o, se le circostanze lo permettono, l'utilizzo di un computer dedicato al lavoro.

Infine, l'ambiente in cui lavoriamo è di fondamentale importanza.
La nostra mente tende ad associare un particolare ambiente, come una stanza o una scrivania, ad una determinata attività.
Infatti, se siamo abituati a lavorare in una stanza che usiamo anche per studiare, o nella camera da letto, noteremo che sarà estremamente facile distrarci verso l'attività che la nostra mente ricollega all'ambiente circostante.

La soluzione è semplice: dobbiamo dedicare un ambiente specifico alle operazioni che riteniamo prioritarie, in modo che diventi per noi naturale svolgerle.

## Libera le tue giornate

Abbiamo imparato a pianificare al meglio ogni minuto della nostra giornata in modo da ottenere la massima efficienza.

Come possiamo andare oltre?
Grazie all'informatica e alle nuove tecnologie, è possibile automatizzare diverse operazioni che prima avremmo dovuto gestire manualmente.
Così come le macchine industriali permettono all'uomo di produrre la stessa quantità di beni con una frazione della forza lavoro, allo stesso modo esistono software in grado di automatizzare alcune delle operazioni che svolgiamo quotidianamente e che ci portano via molto tempo – anche diverse ore al giorno!

L'automazione

Viviamo in un'era dominata dal concetto di automazione: i sistemi informatici sono, sostanzialmente, delle macchine estremamente efficienti nello svolgimento di task ripetitivi. Sono in grado, infatti, di lavorare senza margine d'errore per mesi o anni, non hanno bisogno di riposo e non si fermeranno mai, se non per difficoltà tecniche.

Basti pensare ad un sito web ecommerce, che vende prodotti online in qualsiasi momento il cliente sia pronto ad acquistare: non è necessario che il gestore del sito web sia a disposizione per finalizzare la procedura di acquisto come invece sarebbe stato in un negozio fisico.
Esistono infiniti esempi di come le macchine stanno automatizzando il lavoro per semplificarci la vita, di seguito vedremo però alcuni utilizzi semplici che possiamo

usare anche nel nostro piccolo, senza investimenti, per liberarci un po' di tempo extra durante la giornata e riuscire a dedicarci a ciò che conta davvero, il lavoro intelligente.

Comunicazioni via email

Gestire una lunga lista di contatti non è semplice, soprattutto se è necessario, periodicamente, inviar loro aggiornamenti sui prezzi, nuovi prodotti o offerte speciali.

Creare una mailing list con i contatti dei clienti può essere un metodo semplice quanto efficace per gestire, con un software centralizzato, le comunicazioni email di massa che vogliamo inviare a tutti i nostri clienti – o a parte di loro, tramite la divisione dei contatti in diversi segmenti o in diverse liste.

Questo ci permette, inoltre, di avere proposte diverse per diverse categorie di clienti, senza dover necessariamente inviare un messaggio personalizzato. Il destinatario crederà di ricevere una mail dedicata solamente a lui, ma in realtà abbiamo inviato decine o centinaia di email identiche, a profili simili al suo.

Un altro metodo per tenersi in contatto con i clienti – o lead, via email e senza dover effettivamente procedere alla stesura delle stesse, è l'utilizzo di software di campagne email dilazionate nel tempo.
In questo modo, potremmo far ricevere ad un nostro cliente una seconda email di follow-up dopo un determinato periodo di tempo dal nostro primo contatto, senza dover necessariamente ricordarci di scrivere e inviare questa seconda email.

La differenza tra i servizi di mailing list e quelli di campagne di email marketing è che con i primi saremo in grado di inviare email di massa, scrivendo e inviandole solamente una volta; con i secondi abbiamo un comportamento più complicato nel quale la timeline delle email non è unica, ma dipende dalla data di iscrizione alla lista del nostro cliente.

Ad esempio, possiamo voler inviare una comunicazione ad un potenziale cliente dopo due settimane. In questo caso, indipendentemente dalla data in cui viene aggiunto il cliente a questa lista, il nostro software si occuperà di inviare una mail due settimane dopo. La stessa mail potrà quindi essere recapitata in due momenti diversi a due persone diverse, perché quello che cambia è il punto temporale di partenza.

Ottimi servizi per queste funzionalità sono MailChimp, GetResponse e Aweber.

Ultimo suggerimento, forse banale, per la gestione delle comunicazioni, è l'impostazione di una risposta automatica per i momenti in cui siamo fuori dal lavoro per periodi prolungati.

Questo piccolo accorgimento ci eviterà, infatti, di perdere tempo nel rispondere manualmente alle email più importanti per avvisare della nostra assenza, o peggio di ricevere telefonate di persone a cui dovremo poi spiegare ciò che sarebbe bastato scrivere in un breve messaggio.

A questo proposito, oltre alla data di rientro, inseriamo anche un contatto alternativo per questioni particolarmente urgenti, in modo da non trovarci con lavoro arretrato – e allora ancora più urgente, al nostro rientro.

## Contatti via email

Se ci occupiamo di vendere prodotti, per conto nostro o per la nostra azienda, la tecnica più semplice è probabilmente quella di inviare email a freddo a persone che potrebbero essere, potenzialmente, interessate al servizio o al prodotto che abbiamo da proporre.

Si tratta di un'attività particolarmente apprezzata perché può essere svolta in qualsiasi momento della giornata senza limiti di orario, e anche in situazioni dove una telefonata diretta non sarebbe possibile.

Inoltre, con la mail possiamo metterci in contatto direttamente con le persone di nostro interesse, senza passare da centralini telefonici o segreterie, e la email è molto facile da condividere e inoltrare tra colleghi.

Tuttavia, cercare indirizzi email online è un'azione ripetitiva e per certi versi non

molto stimolante; per fortuna è possibile automatizzare anche questa attività!
Esistono infatti servizi in grado di cercare online, al posto nostro, gli indirizzi email dei nostri potenziali clienti.
Una volta trovato il contatto, lo stesso sistema è in grado di inviare loro una email – standard, ma che deve sembrare indirizzata all'azienda o alla persona specifica.

Si tratta, quindi, di un sistema completamente passivo per la generazione di lead, in grado di apprendere dalle nostre preferenze per portarci ad avere contatti e lead sempre più precisi e in target, grazie a sistemi dotati di intelligenza artificiale.

Un servizio in grado di generare contatti e lead in automatico è B2BLeads.it.

LinkedIn

Ciò che abbiamo appena visto per le email, si può realizzare anche su LinkedIn tramite software come LinkMeTool.

Questo applicativo permette, infatti, di creare campagne di contatti su LinkedIn, in modo semplice e con uno svolgimento praticamente automatico.

LinkMeTool ci permette di cercare tramite LinkedIn i contatti dei nostri potenziali clienti, fornitori o qualsiasi altra persona potremmo aver bisogno di contattare per i più svariati motivi.
Una volta creata una collezione di profili tramite un passaggio semi-automatico, il comportamento sarà il seguente:
- Invieremo una richiesta di collegamento, con l'aggiunta automatica di una nota introduttiva

- All'accettazione della richiesta, possiamo decidere di inviare una serie di messaggi e follow-up al nostro contatto.

La procedura che personalmente ho trovato più efficace è composta da due messaggi successivi alla prima richiesta, uno a distanza di un giorno, ed un follow-up dopo tre giorni.

Chiaramente il comportamento da impostare dipenderà in esclusiva dal prodotto o servizio che vogliamo vendere!

Una volta configurato, LinkMeTool invierà automaticamente le richieste di contatto e i messaggi alle persone che abbiamo identificato in precedenza. Ci basterà infatti avviare la campagna per far partire le funzionalità del software, e lo vedremo agire direttamente sul nostro schermo.

Un altro software interessante per automatizzare le operazioni su LinkedIn è

LinkBoost. Questo semplice programma non fa altro che visitare profili sul famoso portale: in questo modo, alla persona verrà notificata la nostra visita e, spinta dalla curiosità, potrebbe entrare a vedere sul nostro profilo di cosa ci occupiamo.

È un metodo passivo, anche se non estremamente efficace, per ottenere visibilità e, forse, qualche contatto.

Facebook

È possibile automatizzare parte delle comunicazioni private su Facebook Messenger con l'utilizzo di un bot.
La programmazione di questo tipo di applicativi non è semplice per chi non è nel settore, tuttavia la possibilità di rispondere in automatico a buona parte dei messaggi da parte dei nostri clienti ci può far risparmiare tantissimo tempo e risorse nell'area dell'assistenza clienti.

Un sito web che possiede un ecommerce, ad esempio, avrà costantemente nuovi messaggi relativi allo stato delle spedizioni, informazioni sui prodotti, eventuali dettagli sulla compatibilità ecc.
Buona parte di queste risposte possono essere previste e, quindi, automatizzate tramite un software che risponda su Messenger al posto nostro.

La presenza di un software di questo tipo, in grado di collegarsi al backend del nostro ecommerce per ottenere le informazioni sui clienti, sarà in grado di sollevarci da buona parte delle domande che ci verranno poste. Questo ci permetterà, inoltre, di ottenere i contatti Facebook degli stessi clienti, che potremmo usare in futuro per messaggi promozionali o sconti speciali, riservati al singolo utente in base allo storico degli ordini – ovviamente, previa autorizzazione.

Inoltre, con Facebook è possibile automatizzare la pubblicazione di post sfruttando la funzionalità nativa. Se utilizziamo anche Instagram, tuttavia, potrebbe essere più comodo utilizzare uno strumento esterno come Onlypult per automatizzare la pubblicazione dei post su Instagram, per poi automaticamente copiare lo stesso contenuto su Facebook tramite IFTTT.

Delega i tuoi compiti

Abbiamo visto che la matrice di Eisenhower ci impone di delegare parte dei nostri compiti. Ma come possiamo farlo, se lavoriamo per un'azienda che non ci mette a disposizione del personale, o se siamo noi stessi proprietari di una piccola impresa con risorse limitate?

La risposta, come al solito, è data dalla tecnologia. Ma in questo caso la utilizzeremo per contattare altre persone in grado di aiutarci.
Possiamo accedere a Fiverr.com, un sito web di freelancer altamente specializzati in grado di portare a termine i nostri lavori in breve tempo e a costi incredibilmente bassi – solitamente le proposte su Fiverr partono appunto da 5$!

Ciò è possibile grazie alla disponibilità di freelancer provenienti da paesi in via di sviluppo: in alcuni posti, infatti, una paga di 5$ ha un valore molto più alto rispetto a quello che ha per noi, e dunque un grafico o un copywriter può permettersi di lavorare per noi a prezzi molto competitivi.

Infine, anche il risultato sarà migliore!
Se ci troviamo in questa situazione, siamo molto probabilmente bravi ad arrangiarci con la grafica, con la stesura del testo e mille altre operazioni più o meno tecniche, sulle quali non siamo specializzati ma conosciamo solamente ciò che ci serve realmente per lavorare. Tramite Fiverr, invece, siamo in grado di ottenere un lavoro svolto da un professionista, senza considerare l'importante risparmio di tempo.

Se vogliamo, invece, delegare compiti amministrativi o di gestione di task ripetitivi, ad esempio attività monotone sul nostro ecommerce, potremmo aver bisogno

di un assistente virtuale – detto VA, dall'inglese virtual assistant.
Esistono infine possibilità per la ricerca di un VA, la soluzione migliore è spesso quella di prendere contatto con alcune persone in paesi in via di sviluppo, in modo da poter avere accesso a lavoro a costo inferiore, tramite siti web per freelancer come Upwork.

Un VA è diverso da un freelancer specifico per il fatto che viene assunto a lungo termine.

## Disclaimer

Tutti i marchi registrati e loghi citati in questo libro, incluso Amazon, appartengono ai rispettivi proprietari.
L'autore di questo libro non pretende né dichiara alcun diritto su questi marchi, che sono citati solamente a scopi didattici.

www.ingramcontent.com/pod-product-compliance
Lightning Source LLC
Chambersburg PA
CBHW070137230526
**45472CB00004B/1577**